Zrozumienie i współpraca między religiami

Przemówienie
Śri Mata Amritanandamayi

Mata Amritanandamayi Center, San Ramon
Kalifornia, Stany Zjednoczone

Zrozumienie i współpraca między religiami
Śri Mata Amritanandamayi

Tłumaczenie z języka malayalam na angielski
Swami Amritaswarupananda Puri

Wydawnictwo:
  Mata Amritanandamayi Center
  P.O. Box 613
  San Ramon, CA 94583
  Stany Zjednoczone

– *Understanding & Collaboration Between Religions (Polish)* –

Copyright 2014 © Mata Amritanandamayi Mission Trust, Amritapuri, Kollam, Kerala 690546, Indie
Wszelkie prawa zastrzeżone. Żadna część tej publikacji nie może być kopiowana, przechowywana, powielana czy tłumaczona na jakikolwiek język i w jakiejkolwiek formie bez pisemnej zgody wydawcy.

Pierwsze wydanie w języku polskim przez MA Center: kwiecień 2016

Polska strona internetowa: www.amma–polska.pl

W Indiach:
  inform@amritapuri.org
  www.amritapuri.org

Śrī Mata Amritanandamayi

Wstęp

Dnia 2 maja 2006 roku w Muzeum Sztuki im. Rubina w Chelsea, dzielnicy Manhattanu, Amma wygłosiła przemówienie zatytułowane „Zrozumienie i współpraca między religiami". Stanowiło ono część czwartej dorocznej ceremonii wręczenia nagrody Jamesa Parksa Mortona przyznawanej przez Centrum Międzywyznaniowe w Nowym Jorku.

Centrum Międzywyznaniowe w Nowym Jorku (Interfaith Center of New York – ICNY) przyznało Ammie nagrodę w 2006 roku, za jej szczególny wkład w pielęgnowanie zrozumienia i poszanowania między religiami, stanowiące główne założenie ICNY. „Życie Ammy jest poświęcone propagowaniu akceptacji" - powiedział założyciel Muzeum im. Rubina, Donald Rubin, przedstawiając Ammę tuż przed wręczeniem nagrody. „Wychodząc do wszystkich ludzi i akceptując ich poprzez fizyczny gest przytulenia, przekracza ona wszelkie religijne i polityczne podziały. Akceptacja i miłość, rozbudzone w momencie przytulenia, są uzdrowieniem, którego wszyscy potrzebujemy. Jest to uzdrowienie, które nasze matki dały nam, kiedy byliśmy małymi dziećmi. Amma ofiarowała światu właśnie to uzdrowienie".

Członkowie ICNY byli pod szczególnym wrażeniem olbrzymiego wsparcia, jakiego aszram Ammy udzielił po tsunami, które miało miejsce w Azji w 2004 roku; pragnęli poznać przemyślenia Ammy na temat zrozumienia i współpracy między religiami na tle tego doświadczenia.

„W następstwie klęsk żywiołowych otwierają się ludzkie serca, przekraczając podziały kastowe, religijne i polityczne", powiedziała Amma w swoim przemówieniu.

„Niestety, to pełne współczucia i wolne od oceniania podejście, jakie ludzie okazują w takich sytuacjach, pojawia się i znika równie szybko, jak światło błyskawicy. Jeśli jednak uda nam się podtrzymać ten wewnętrzny płomień współczucia, będzie on w stanie rozproszyć otaczający nas mrok".

Mimo że Amma przemawiała w swoim ojczystym języku malajalam, wszyscy obecni na uroczystości mogli słuchać jej w języku angielskim dzięki tłumaczeniu symultanicznemu.

Wstęp

Słowa Ammy nie były teoretyzowaniem uczonego; były nasycone prawdziwą wartością jej osobistego doświadczenia i oświecenia, przez co wywarły widoczny wpływ na wszystkich zgromadzonych.

Akceptując konieczność istnienia religii, Amma nieustannie podkreślała, jak ważne jest, aby każdy praktykujący którąkolwiek z religii wnikał w to, co stanowi istotę wszystkich wyznań. „Tak jak wysysa się sok z trzciny cukrowej i wypluwa łyko, tak przywódcy religijni powinni zachęcać swoich zwolenników, aby wchłaniali esencję religii - którą jest duchowość - i nie przywiązywali nadmiernej wagi do jej zewnętrznych aspektów. Niestety, w dzisiejszych czasach wielu zjada łyko, a wypluwa esencję", powiedziała Amma.

Amma ubolewała także nad faktem, że chociaż święci i mędrcy podkreślają wagę wartości duchowych, ich następcy często pogrążają się w instytucjonalizmie. Amma powiedziała: „W rezultacie, te same religie, które miały szerzyć pokój i wyciszenie jednocząc ludzi w girlandzie miłości, stały się przyczyną wojen i konfliktów. Z powodu naszej ignorancji i ograniczonych poglądów zamykamy Wielkie Dusze w ciasnych klatkach religii. W imię religii zamknęliśmy samych siebie w więzieniu ego i nadal to ego nadmuchujemy, walcząc między sobą. Dopóki to się nie zmieni, zrozumienie i współpraca na zawsze pozostaną złudzeniem".

Podsumowując Amma powiedziała, że rozwiązanie prawie wszystkich problemów, z jakimi boryka się dzisiejszy świat, leży w jednym słowie: „współczucie" i podkreśliła, jak ważne jest, aby członkowie wszystkich wyznań służyli biednym i cierpiącym. Amma powiedziała: „Niesienie pomocy biednym i potrzebującym jest prawdziwą modlitwą. Bez współczucia wszystkie nasze starania będą bezowocne".

Kiedy Amma zakończyła, salę Muzeum Sztuki im. Rubina wypełniły gromkie oklaski i wkrótce uczestnicy ceremonii wraz z wieloma uhonorowanymi gośćmi podchodzili do Ammy, aby osobiście otrzymać jej pełne miłości przytulenie.

Swami Amritaswarupananda Puri
Wiceprezydent Mata Amritanandamayi Math

Wraz z Ammą, pięciu innych gości zostało także uhonorowanych tą nagrodą: laureat pokojowej Nagrody Nobla w 2005 roku, dr Mohammed Elbaradei, naczelny dyrektor Międzynarodowej Agencji Energii Atomowej; sędzia Sądu Najwyższego Stanów Zjednoczonych, Steven G. Breyer; znany amerykański aktor Richard Gere, dyrektor Healing the Divide (Uzdrawianie Podziałów) i przewodniczący rady Międzynarodowej Kampanii na rzecz Tybetu; a także para - imam meczetu Al-Farah - Feisal Abdul Rauf oraz Daisy Khan, naczelna dyrektor Amerykańskiego Stowarzyszenia Wsparcia dla Muzułmanów.
Inne osobistości, którym ICNY dotychczas przyznało Nagrodę Międzywyznaniową, to trzej laureaci nagrody Nobla - Jego Świątobliwość Dalai Lama, arcybiskup Desmond Tutu, Shirin Ebadi, a także były prezydent Stanów Zjednoczonych Bill Clinton.

Zrozumienie i współpraca między religiami

Przemówienie
Śri Mata Amritanandamayi
wygłoszone podczas
ceremonii wręczania nagród
Międzywyznaniowego Centrum
w Nowym Jorku
w Muzeum Sztuki im Rubina
Nowy Jork, 2.05.2006 r.

Zrozumienie i współpraca między religiami

Amma składa pokłon wszystkim, którzy jesteście ucieleśnieniem Czystej Miłości i Najwyższej Świadomości.

Na początku Amma chciałaby złożyć najlepsze życzenia dla Centrum Międzywyznaniowego w Nowym Jorku. Niech ta organizacja pod przewodnictwem wielebnego Jamesa Parksa Mortona przyczyni się do rozpalenia światła miłości i pokoju w setkach tysięcy ludzkich serc. Centrum Międzywyznaniowe zasługuje na specjalną pochwałę za pełną poświęcenia działalność podczas tragedii 11 września, która pochłonęła życie tysięcy ludzi, łącznie z niewinnymi dziećmi. Korzystając z tej okazji, pozwólcie Ammie wyrazić niezmierną radość, że konferencja ta mogła się odbyć, a także z tego, że pokładacie wiarę w Ammie.

Tak naprawdę, tylko dzięki bezinteresowności i poświęceniu milionów oddanych ludzi na całym świecie Amma mogła ofiarować swoją służbę społeczeństwu. W istocie, ta nagroda i uznanie należą się im wszystkim. Amma jest jedynie narzędziem.

Dzisiejsze przemówienie, „Zrozumienie i współpraca między religiami", to temat, który poruszany był na tysiącach konferencji na całym świecie. Podczas gdy takie dyskusje i praca takich jak ta organizacji, w pewnym stopniu zbliżyły religie do siebie, to lęk i troska o świat i jego przyszłość nieustannie dręczą nasze umysły.

Aby zmienić tę sytuację, potrzebujemy lepszego zrozumienia i szerszej współpracy między religiami. Zarówno przywódcy religijni, jak i głowy państw stanowczo podkreślają tę kwestię na podobnych temu spotkaniach. Często jednak nie jesteśmy w stanie wykazać takiej samej stanowczości w naszych działaniach, jaką wyrażamy w słowach. Podczas tych spotkań dzielimy się wieloma pomysłami, lecz kiedy staramy się je wcielić w życie, pod wpływem różnych nacisków nie potrafimy tego uczynić. Spotkanie, w którym brakuje otwartości serc, jest jak zepsuty spadochron, który się nie otworzył.

Każda religia łączy w sobie dwa aspekty: pierwszym są wyjaśniane w świętych pismach nauki filozoficzne, drugim jest duchowość.

Pierwszy z nich stanowi jej zewnętrzną powłokę, duchowość zaś jej wewnętrzną esencję. Duchowość to przebudzenie w człowieku jego prawdziwej natury. Ci, którzy wkładają wysiłek, aby poznać swoją Prawdziwą Jaźń, są szczerze wierzący. Niezależnie od wyznawanej religii, rozumiejąc jej duchowe zasady, można osiągnąć ostateczny cel, którym jest urzeczywistnienie własnej prawdziwej natury. Jeżeli butelka zawiera miód, jej kolor jest bez znaczenia. Jeśli natomiast nie zdołamy przyswoić sobie zasad duchowości, religia będzie jedynie zakuwającą nas w kajdany ślepą wiarą.

Celem religii jest przekształcenie naszych umysłów. Aby to się dokonało, niezbędne jest przyswojenie duchowości - wewnętrznej esencji religii. Solidarność serc prowadzi do religijnej jedności. Jeśli nie uda nam się zjednoczyć naszych serc, to zamiast zbliżać się do siebie jako wspólnota, oddalimy się i nasz wysiłek będzie fragmentaryczny.

Religia wskazuje drogę niczym drogowskaz. Celem jest doświadczenie duchowe.

Na przykład, ktoś mówi, wskazując palcem na drzewo: „Spójrz na to drzewo. Czy widzisz owoc wiszący na jego gałęzi? Jeśli go spożyjesz, osiągniesz nieśmiertelność!". Powinniśmy zatem wspiąć się na drzewo, zerwać owoc i go zjeść. Jeśli natomiast zatrzymamy wzrok na palcu, nigdy nie będziemy w stanie zasmakować owocu. Przypomina to kurczowe trzymanie się słów świętych pism, bez zrozumienia wskazywanych przez nie duchowych zasad.

Tak jak wysysa się sok z trzciny cukrowej i wypluwa łyko, tak przywódcy religijni powinni zachęcać swoich zwolenników, aby wchłaniali esencję religii - którą jest duchowość - i nie przywiązywali nadmiernej wagi do zewnętrznych aspektów religii. Niestety, w dzisiejszych czasach wielu zjada łyko, a wypluwa esencję.

Siła religii tkwi w duchowości. Duchowość jest spoiwem, umacniającym fundamenty społeczeństwa. Praktykowanie religii i życie bez wdrażania duchowości jest jak budowanie wieży z cegieł ułożonych jedna na drugiej bez użycia cementu. Taka wieża łatwo się zawali. Wiara bez duchowości staje się martwa, jak część ciała pozbawiona krążenia.

Energia atomowa może być wykorzystywana zarówno do tworzenia, jak i do niszczenia.

Główna część wystąpienia Ammy

Dla dobra świata możemy jej używać do generowania elektryczności. Można też zbudować bombę atomową, która unicestwi wszystko. Wybór należy do nas. Wcielanie w życie duchowego aspektu religii jest jak generowanie elektryczności z atomu, natomiast religia pozbawiona duchowej perspektywy wiedzie do poważnego niebezpieczeństwa.

Nawet dawno temu w różnych kulturach istniał system kastowy i inne społeczno-religijne podziały. Wówczas takie podziały były na porządku dziennym i każdy o tym wiedział. Natomiast dzisiaj wypowiadamy się, jakbyśmy byli niezwykle świadomi wagi religijnej jedności i równości, lecz w naszym wnętrzu szaleje nienawiść i żądza zemsty. Dawniej problemy z reguły były dostrzegalne gołym okiem, teraz są one na subtelnym poziomie, przez co stały się silniejsze i wszechobecne.

Amma przypomina sobie następującą historię. W pewnym mieście żył okryty złą sławą przestępca. Każdego dnia o godzinie 7 wieczorem przychodził i krążył na rogu jednej z ulic, gdzie zaczepiał i obrażał przechodzące kobiety i młode dziewczęta. Wszystkie kobiety bały się go i nie przechodziły tamtędy po zmroku, ukrywając się za zamkniętymi drzwiami swoich domów. Tak upłynęło kilka lat, aż pewnego dnia przestępca niespodziewanie zmarł.

Jednakże nawet po jego śmierci kobiety nadal nie wychodziły z domu po zmroku. Ludzie, nie mogąc tego pojąć, pytali, dlaczego żadna z nich nie miała odwagi wyjść na dwór. Kobiety odpowiadały: Kiedy żył, mogłyśmy go zobaczyć. Wiedziałyśmy, gdzie i kiedy stał. Natomiast teraz prześladuje nas jego duch. Może zatem zaatakować nas w każdym miejscu i o każdej porze! Będąc niewidocznym ma większą moc i może być wszędzie". Podobnie jest w przypadku obecnych podziałów społeczno-religijnych.

W rzeczywistości, religia jest ograniczeniem stworzonym przez ludzi. W chwili narodzin nie mieliśmy żadnych uwarunkowań, bądź ograniczeń wyznaczanych nam przez religię czy język. Uczono nas tego i z czasem stało się to naszym uwarunkowaniem. Tak jak młoda roślina potrzebuje ogrodzenia, tak to uwarunkowanie, w pewnym stopniu, jest także konieczne. Kiedy sadzonka stanie się drzewem, przerasta ogrodzenie. Podobnie i my, musimy być zdolni wznieść się ponad nasze religijne uwarunkowania i stać się „wolnymi od wszelkich uwarunkowań".

Trzy rzeczy czynią człowieka ludzkim:

1. Intensywne pragnienie poznania znaczenia i sensu życia poprzez głębokie rozważanie.
2. Cudowna zdolność obdarowywania miłością.
3. Umiejętność cieszenia się i sprawiania radości innym.

Religia powinna pomagać ludziom uświadomić sobie te trzy prawdy. Tylko wówczas religia i ludzie staną się integralną całością.

Podczas gdy Wielkie Dusze podkreślają ważność duchowych wartości, ich naśladowcy często większe znaczenie przypisują instytucjom i organizacjom. W rezultacie, te same religie, które miały szerzyć pokój i wyciszenie, jednocząc ludzi w girlandzie miłości, stały się przyczyną wojen i konfliktów.

Z powodu naszej ignorancji i ograniczonych poglądów zamykamy Wielkie Dusze w ciasnych klatkach religii. W imię religii zamknęliśmy samych siebie w więzieniu ego i nadal to ego nadmuchujemy, walcząc między sobą. Dopóki to się nie zmieni, zrozumienie i współpraca na zawsze pozostaną złudzeniem.

Pewnego razu dwóch mężczyzn próbowało wjechać na strome wzgórze dwuosobowym rowerem. Mimo że starali się ze wszystkich sił, pokonali jedynie niewielką odległość. W pewnym momencie, zmęczeni i znużeni, zsiedli z roweru, aby odpocząć. Zlany potem mężczyzna siedzący z przodu, ledwie dysząc, powiedział; „Co za wzgórze! Bez względu na to, jak mocno byśmy nie pedałowali, tkwimy w miejscu. Jestem wycieńczony i okrutnie bolą mnie plecy!". Słysząc to mężczyzna siedzący z tyłu powiedział: „Hej, kolego, uważasz, że ty jesteś zmęczony? Gdybym cały czas nie hamował, zjechalibyśmy z powrotem na sam dół!".

Świadomie bądź nieświadomie, czynimy to samo dzisiaj, w imię współpracy i porozumienia. Głęboko zakorzeniona wzajemna nieufność nie pozwala nam otworzyć naszych serc.

W rzeczywistości, zasady miłości, współczucia i jedności są sercem wszystkich nauk religijnych.

Chrześcijaństwo naucza: „Kochaj bliźniego swego jak siebie samego".

Hinduizm mówi: „Powinniśmy się modlić, aby inni mieli to, czego sami chcemy dla siebie".

Islam głosi: „Jeśli osioł twojego wroga zachoruje, musisz się nim zaopiekować". Judaizm twierdzi: „Nienawidząc bliźniego, nienawidzisz siebie".

Mimo iż wyrażona na różne sposoby, przedstawiona tutaj zasada jest ta sama. Oto istota tych wszystkich wypowiedzi: Jako że ta sama Dusza, lub Atman, obecna jest we wszystkim, musimy dostrzegać ją wszędzie i służyć wszystkiemu jako Jedności. To niewłaściwe podejście ludzkiego intelektu sprawia, iż zasady te interpretowane są w ograniczony sposób.

Amma pamięta pewną historię. Kiedyś znany artysta namalował obraz czarującej młodej kobiety. Wszyscy mężczyźni, którzy widzieli ten obraz, zakochiwali się w niej. Niektórzy pytali malarza, czy ta kobieta jest jego ukochaną. Kiedy zaprzeczył, każdy z nich uparcie nalegał, że chce pojąć ją za żonę i nie zgadzał się, aby ktokolwiek inny ją poślubił.

Domagali się: „Chcemy wiedzieć, gdzie możemy znaleźć tę piękną kobietę".

Malarz oznajmił im: „Przykro mi, ale, prawdę mówiąc, nigdy jej nie widziałem. Nie ma ona narodowości, religii i nie mówi w żadnym z języków. Piękno, które w niej dostrzegacie, nie należy też do konkretnej osoby. Po prostu, dodałem oczy, nos i kształty do piękna, które ujrzałem w sobie".

Jednakże nikt nie uwierzył słowom malarza. W złości oskarżali go mówiąc: „Okłamujesz nas! Zapewne, chcesz ją zachować dla siebie!".

Malarz spokojnie odpowiedział: „Proszę, nie odbierajcie tego obrazu tak powierzchownie. Nawet, jeśli przeszukacie cały świat, nie znajdziecie jej, ponieważ ona jest kwintesencją wszelkiego piękna".

Niemniej jednak, mężczyźni zaślepieni wizerunkiem przedstawionym na obrazie nie zwracali uwagi na słowa malarza. Kierowani silnym pragnieniem, aby zdobyć młodą kobietę, kłócili się i walczyli ze sobą, aż w końcu się pozabijali.

My też tacy jesteśmy. Dzisiaj poszukujemy Boga, który mieszka jedynie w obrazach i świętych pismach. Pogubiliśmy się w tych poszukiwaniach.

Główna część wystąpienia Ammy

Święte pisma mówią, że każdy z nas widzi świat przez kolorowe okulary. W świecie widzimy naszą własną projekcję. Jeśli patrzymy na świat oczyma pełnymi nienawiści i żądzy zemsty, świat będzie nam się taki wydawał. Jeśli jednak patrzymy oczyma pełnymi miłości i współczucia, wszędzie będziemy widzieć jedynie boskie piękno.

Amma słyszała o pewnym eksperymencie przeprowadzonym po to, by potwierdzić, czy świat jest rzeczywiście takim, jakim go postrzegamy. Naukowcy dali młodemu mężczyźnie okulary, zniekształcające obraz wszystkiego, co widział. Po czym zalecili mu noszenie ich bez przerwy przez siedem dni. Przez pierwsze trzy dni mężczyzna był bardzo niespokojny, gdyż wszystko, co widział, było całkowicie zniekształcone. Lecz potem jego oczy przystosowały się do okularów, a ból i dyskomfort zniknęły. To, co sprawiało, że początkowo świat wydawał się dziwny i zniekształcony, z czasem zaczęło jawić się jako normalne.

Podobnie, każdy z nas nosi różnego rodzaju okulary. To poprzez te okulary postrzegamy świat i religie, reagując w określony sposób.

Z tego powodu często nie nie jesteśmy zdolni postrzegać ludzi jako ludzkie istoty.

Amma przypomina sobie, jak wiele lat temu pewien przywódca religijny podzielił się z nią swoim przeżyciem. Wybrał się do Hajdarabadu (Indie), aby wziąć udział w uroczystości, która miała się odbyć w tamtejszym szpitalu. Wysiadłszy z samochodu, szedł w stronę szpitala; wzdłuż drogi po obu stronach ujrzał wiele kobiet czekających, aby go powitać w tradycyjny sposób – trzymając lampy oliwne i suche ziarna ryżu. Kiedy znalazł się pomiędzy nimi, kobiety obrzuciły jego twarz ryżem namoczonym w oliwie. Powiedział on Ammie: „Było to dalekie od ciepłego powitania, stanowiło raczej wyraz gniewu i sprzeciwu. Zasłaniając się rękoma dawałem im do zrozumienia, żeby przestały, lecz to nie pomogło".

Zapytał potem właściciela szpitala, czy ludzie, którzy go witali, wierzyli w Boga. Ten odpowiedział, że jego pracownicy to ludzie wierzący. Mężczyzna odrzekł: „Nie sądzę, ponieważ czułem złość i mściwość w ich zachowaniu".

Właściciel szpitala, tknięty podejrzeniem, zlecił komuś zbadanie zaistniałej sytuacji. Oto, co wysłany człowiek zobaczył: osoby, które wcześniej witały przywódcę religijnego, siedziały razem w pokoju, zaśmiewając się. Jedna z nich, z pogardą w głosie, gromko się przechwalała: „Nieźle dałam popalić temu diabłu!".

W istocie, pracownicy szpitala byli wyznawcami innej religii. Ponieważ ich przełożony kazał im przywitać gościa, nie mieli wyboru. Nie posiadali oni jednak nawet krzty zrozumienia dla prawdziwej religii, czy duchowych wartości. W rzeczywistości, ich sposób myślenia nie pozwalał im postrzegać przedstawicieli innych wyznań jako ludzi, lecz jako diabły.

Istnieją dwa rodzaje ego. Jednym z nich jest ego władzy i pieniędzy, natomiast drugi rodzaj jest bardziej destrukcyjny. To ego, któremu się wydaje: „Tylko moja religia i punkt widzenia są słuszne. Wszystkie inne są zbędne i niewłaściwe. Nie będę tolerował niczego innego". To tak, jakby twierdzić: „Moja matka jest dobra, a twoja to ladacznica!". Taki sposób myślenia i postępowania jest przyczyną wszystkich potyczek religijnych. Dopóki nie wykorzenimy tych dwóch rodzajów ego, trudno będzie wprowadzić pokój na świecie.

Zrozumienie i współpraca między religiami

Gotowość wysłuchania innych, umiejętność rozumienia ich i tolerancja pozwalająca akceptować nawet tych, którzy się z nami nie zgadzają, są oznaką prawdziwych duchowych wartości. Niestety, właśnie tych jakości brakuje nam w dzisiejszym świecie.

Niemniej jednak, kiedy mają miejsce klęski żywiołowe, ludzkie serca otwierają się, przekraczając podziały kastowe, religijne i polityczne. Kiedy tsunami dotknęło Południową Azję, znikły wszelkie podziały religijne i narodowe. Wszystkie serca cierpiały czując ból ofiar. Oczy wszystkich roniły z nimi łzy, a dłonie ocierały je i niosły pomoc potrzebującym.

Niezliczone są przypadki, kiedy serce i duszę Ammy przepełniała radość, gdy widziała ateistów oraz ludzi należących do różnych religii i partii politycznych, w duchu poświęcenia dzień i noc pracujących wraz z mieszkańcami aszramu [ośrodka duchowego Ammy]. Jednak to pełne współczucia i wolne od oceniania podejście, jakie ludzie wyrażają w takich sytuacjach, pojawia się i znika równie szybko, jak światło błyskawicy. Jeśli jednak uda nam się podtrzymać ten wewnętrzny płomień współczucia, będzie on w stanie rozproszyć otaczający nas mrok. Niech właśnie w ten sposób strumień współczucia, który jest w nas, przerodzi się w rwący potok. Przemieńmy tę iskrę miłości w blask promienny jak słońce. To stworzy niebo na ziemi. Ten potencjał drzemie w każdym z nas; to jest nasze dziedzictwo i prawdziwa natura.

Napełniony helem balon, niezależnie od koloru, wzbije się wysoko w niebo. Podobnie, ludzie wszystkich religii mogą wznieść się na wyżyny doskonałości, jeśli napełnią swoje serca miłością.

Amma przypomina sobie historię. Pewnego dnia wszystkie kolory świata zgromadziły się razem. Każdy z nich twierdził: „Ja jestem najważniejszym i najbardziej lubianym kolorem". Rozmowa przerodziła się w kłótnię.

Zieleń dumnie twierdziła: „W rzeczy samej, to ja jestem najważniejszym kolorem. Jestem oznaką życia. Drzewa, pnącza – wszystko w przyrodzie ma mój kolor. Czy muszę coś jeszcze dodać?".

Niebieski przerwał: „Skończ już swoją paplaninę! Mówisz tylko o ziemi. Czy nie widzisz nieba i oceanu? Wszystko to jest w kolorze niebieskim. Woda zaś jest podstawą życia. Chwała mi, barwie nieskończoności i miłości".

Słysząc to czerwień wykrzyknęła: „Co za dużo, to niezdrowo! Uciszcie się wszyscy! To ja jestem władcą was wszystkich – jestem krwią. Jestem barwą męstwa i odwagi. Beze mnie nie ma życia".

Wśród tych krzyków biel łagodnie powiedziała: „Wszyscy wyraziliście swoje racje. Teraz ja mam tylko jedną rzecz do dodania; nie zapominajcie, że to ja jestem źródłem wszystkich kolorów".

Pomimo tego, wiele innych kolorów wychwalało swoją wielkość i wyższość nad innymi. Stopniowo, zwykła wymiana zdań przerodziła się w walkę słowną. Kolory były gotowe nawet zniszczyć siebie nawzajem.

Nagle niebo pociemniało. Zagrzmiało i błysnęło, po czym nastąpiła wielka ulewa. Poziom wody podniósł się gwałtownie. Drzewa były wyrywane wraz z korzeniami, a cała przyroda pogrążyła się w chaosie.

Dygocząc z przerażenia, kolory bezradnie wzywały pomocy: „Ocal nas!". Wtedy właśnie usłyszały głos z nieba: „O! Wy, kolory! Gdzie się podziało teraz wasze ego i fałszywa duma? Wy, które bezmyślnie walczyłyście o dominację, teraz trzęsiecie się ze strachu, niezdolne ochronić nawet własne życie. Wszystko, co sobie przypisujecie, może zniknąć w mgnieniu oka. Musicie zrozumieć jedno – chociaż jesteście różne, nie powinnyście się porównywać. Bóg stworzył każdy z was w innym celu. Aby się uratować, musicie stanąć ze sobą zjednoczone ramię w ramię. Jeśli staniecie się jednością, będziecie mogły wznieść się i rozprzestrzenić po całym niebie. Harmonijnie stojąc jeden przy drugim, możecie stać się siedmiobarwną tęczą, symbolem pokoju i piękna, znakiem nadziei na jutro. Z tych wyżyn nie zauważa się różnic, wszystko postrzegane jest jako jedność. Niech wasza jedność i harmonia stanie się inspiracją dla wszystkich".

Kiedy ujrzymy przepiękną tęczę, obyśmy zawsze czuli inspirację do wspólnej zespołowej pracy opartej na wzajemnym zrozumieniu i poszanowaniu.

Religie są kwiatami przeznaczonymi do wielbienia Boga. Jak pięknie byłoby, gdyby wszystkie stanęły razem! Wówczas ich woń pokoju rozprzestrzeniałaby się na cały świat.

Przywódcy religijni powinni wyjść naprzód, śpiewając pieśń pokoju, powszechnej jedności i miłości. Powinni stać się lustrem dla świata. Lustra nie wyciera się dla jego własnej korzyści, lecz po to, aby ci, którzy się w nim przeglądają, mogli lepiej oczyścić swoją twarz. Emisariusze religijni muszą stać się przykładem godnym naśladowania. Przykład, dawany przez przywódców religijnych, będzie decydował o czystości myśli i czynów ich zwolenników. Tylko wtedy, kiedy ludzie szlachetnego charakteru wdrażają w życie religijne ideały, ich zwolennicy przyswoją sobie tego samego ducha i poczują się zainspirowani do wzniosłych czynów.

Tak naprawdę, każdy z nas powinien stać się wzorem godnym naśladowania, ponieważ ktoś zawsze będzie brał z nas przykład. Naszym obowiązkiem jest mieć na względzie tych, którzy się na nas wzorują. W świecie ludzi godnych naśladowania nie będzie ani wojen, ani broni. Nie będą one niczym więcej, jak tylko złym snem, który przyśnił nam się dawno, dawno temu. Broń i amunicja staną się jedynie muzealnymi eksponatami – symbolem naszej przeszłości,

Główna część wystąpienia Ammy

przypominającym czasy, kiedy ludzkość zeszła ze ścieżki prowadzącej do celu.

Nasz błąd tkwi w tym, że daliśmy się zwieść powierzchownym aspektom religii. Naprawmy go. Powinniśmy wszyscy uświadomić sobie, że istotą religii jest wszechogarniająca miłość, czystość serca oraz postrzeganie wszędzie jedności. Żyjemy w czasach, kiedy cały świat zmniejsza się do wielkości globalnej wioski. Potrzebujemy nie tylko tolerancji religijnej, lecz również głębokiego wzajemnego zrozumienia. Pozbądźmy się nieporozumień i nieufności. Pożegnajmy ciemny wiek rywalizacji i zapoczątkujmy nową erę twórczej współpracy międzyreligijnej. Właśnie wkroczyliśmy w trzecie tysiąclecie. Oby przyszłe pokolenia określały je jako milenium przyjaźni i współpracy między religiami.

Amma chciałaby zasugerować kilka rozwiązań, nad którymi powinniśmy się zastanowić:

1. Rozwiązanie prawie wszystkich problemów, z jakimi boryka się dzisiejszy świat, leży w jednym słowie: „współczucie". Rolą każdej religii jest inspirowanie wyznawców do bycia współczującym wobec innych. Przywódcy religijni powinni podkreślać wartość współczucia

dając przykład własnym życiem. W dzisiejszym świecie najbardziej brakuje nam wzorców godnych naśladowania. Przywódcy religijni jako pierwsi powinni wypełnić tę lukę.

2. Przez naszą eksploatację przyrody i powszechny brak świadomości, zanieczyszczenia niszczą ziemię. Przywódcy religijni powinni przeprowadzać kampanie uświadamiające ludziom, jak ważną kwestią jest ochrona środowiska.

3. Możemy nie być w stanie zapobiec klęskom żywiołowym. Z uwagi na to, że ludzie nie mają kontroli nad własnym ego, całkowite zapobiegnięcie wojnom i innym konfliktom również może okazać się nierealne. Lecz jeśli stanowczo postanowimy wyeliminować głód i biedę, z pewnością nam się to uda. Każdy przywódca religijny powinien uczynić wszystko, co w jego mocy, aby osiągnąć ten cel.

4. Aby pielęgnować zrozumienie pomiędzy religiami, każda religia powinna założyć ośrodki, które umożliwią dogłębne studiowanie nauk innych wyznań. Nie powinno to być czynione z niskich, ukrytych pobudek, lecz w celu poszerzenia horyzontów.

5. Tak, jak słońce nie potrzebuje blasku świecy, Bóg nie potrzebuje od nas niczego. Niesienie pomocy biednym i potrzebującym jest prawdziwą modlitwą. Bez współczucia wszystkie nasze starania będą bezowocne, jak wlewanie mleka do brudnego naczynia. Każda religia powinna podkreślać wartość szczerego współczucia w służeniu biednym i cierpiącym.

Módlmy się i wspólnie pracujmy, aby stworzyć wolne od konfliktów radosne jutro, gdzie religie współpracują ze sobą w szczęściu, pokoju i miłości.

*Niech drzewo naszego życia głęboko
zakorzeni się na gruncie miłości.
Niech dobre uczynki będą jego liśćmi.
Niech życzliwe słowa tworzą jego kwiaty.
Niech pokój będzie jego owocem.
Wzrastajmy i rozwijajmy się jak jedna
rodzina zjednoczona w miłości,
tak, abyśmy mogli cieszyć się i świętować naszą
jedność, w świecie, gdzie zapanuje pokój i radość.*

www.ingramcontent.com/pod-product-compliance
Lightning Source LLC
Chambersburg PA
CBHW070048070426
42449CB00012BA/3195